ANUEL RÉPUBLICAIN

DE

L'HOMME ET DU CITOYEN

PAR CHARLES RENOUVIER

ANCIEN ÉLÈVE DE L'ÉCOLE POLYTECHNIQUE

PUBLIÉ SOUS LES AUSPICES

DU MINISTRE PROVISOIRE DE L'INSTRUCTION PUBLIQUE

PRIX : 20 CENT.

PARIS

PAGNERRE, ÉDITEUR

RUE DE SEINE, 14 bis

1848

Imprimé par Plon frères, 36, rue de Vaugirard.

MANUEL RÉPUBLICAIN

DE L'HOMME ET DU CITOYEN.

PREMIÈRE PARTIE.

CHAPITRE PREMIER.

FIN MORALE DE L'HOMME.

L'Instituteur. La religion vous enseigne comment vous devez vous conduire en cette vie pour vous rendre digne d'une félicité éternelle. Moi, je ne vous parle qu'au nom de la République, dans laquelle nous allons vivre, et de cette morale que tout homme sent au fond de son cœur. Je veux vous instruire des moyens d'être heureux sur la terre, et le premier mot que j'ai à vous dire est celui-ci : Perfectionnez-vous. Vous ne deviendrez vraiment heureux qu'en devenant meilleur.

L'Élève. Qu'entendez-vous par le perfectionnement de l'homme ?

L'Instituteur. J'entends que l'homme se perfectionne lorsqu'il s'approche le plus qu'il peut d'être complet selon sa nature.

L'Élève. Que faudrait-il pour qu'un homme fût complet selon sa nature ?

L'Instituteur. Il faudrait que les affections de son cœur trouvassent pleine satisfaction dans la famille, dans la patrie et dans l'amitié; il faudrait que son intelligence fût cultivée; il faudrait enfin qu'il pût déployer son activité selon ses forces et ses dispositions naturelles.

L'Élève. Mais, si je vous comprends bien, mon perfectionnement ne dépendrait pas tant de moi que des autres hommes, de mes parents, de mes amis, et surtout de ceux qui ont de la puissance dans le monde.

L'Instituteur. Il est vrai. Cependant, vous êtes le maître de vos actions, bonnes ou mauvaises. Toute votre vie est attachée en grande partie aux décisions que vous prenez à chaque instant. Agissez donc toujours autant que vous le pouvez de manière à vous perfectionner et à perfectionner ceux qui vous entourent; ils vous le rendront bientôt au centuple. Ce monde même dans lequel vous vivez, il ne vous est peut-être pas impossible d'y changer quelque chose. Tout à l'heure je vous montrerai que dans le temps où Dieu nous a fait naître aucun homme n'est sans pouvoir sur les autres hommes et sur les lois qui les régissent. Dans ce moment, je me borne à vous dire : Faites toujours ce que vous ferez en consultant votre conscience, de telle manière qu'après avoir agi vous vous sentiez meilleur ou plus avancé sur le chemin du perfectionnement.

L'Élève. Donnez-moi une règle pour juger mes actions.

L'Instituteur. Il en est une que vous portez en vous-même, et que je ne pourrais pas vous apprendre, si par malheur vous l'ignoriez entièrement : c'est la justice. *Ne faites point à autrui ce que vous ne jugeriez point devoir vous être fait. Faites pour les autres ce que vous jugez que les autres doivent faire pour vous.* Je vous dirai encore ceci : La justice est une espèce d'égalité. Supposez vos semblables à votre place et mettez-vous à la leur ; jugez après. Lorsque vous vous demandez si vous devez faire ou ne pas faire quelque chose, oubliez pour un moment votre intérêt, vos passions; demandez-vous ce que vous penseriez de cette action si un autre la faisait. Alors vous serez juste, et vous aurez fait le premier pas dans le perfectionnement.

L'Élève. Ce n'est donc pas tout que d'être juste?

L'Instituteur. Non. La justice parfaite est le premier degré de la perfection; mais après le premier il y en a un second : c'est la parfaite fraternité.

L'Élève. Qu'est-ce que la fraternité?

L'Instituteur. La fraternité est un sentiment qui nous porte à ressentir tous les mêmes joies et les mêmes peines, comme si les hommes ne faisaient qu'un. Ainsi ceux-là sont des frères, qui veulent partager les souffrances les uns des autres, et qui dirigent leurs forces à se rendre heureux mutuellement. Soulager de leur fardeau les travailleurs dont la vie est la plus dure, instruire les ignorants, ramener au sentiment du bien les coupables que la misère ou l'injustice ont égarés, voilà des actes de fraternité.

L'Élève. Je comprends maintenant ce que vous avez entendu par ce mot perfectionnement, et mon cœur me dit que vous ne vous trompez point. Toutes les fois qu'il m'est arrivé de me conduire ainsi, je me suis senti meilleur ou plus parfait. Mais vous m'avez dit aussi que je ne deviendrais vraiment heureux qu'en devenant meilleur. Voulez-vous m'expliquer ces paroles?

L'Instituteur. L'homme est destiné à la perfection, quoique la perfection ne puisse pas être atteinte en cette vie. De là vient que celui qui n'y vise point se dégrade, et la dégradation est le commencement du malheur. Si quelqu'un ne pratique pas la fraternité il est bien près de devenir injuste. Celui qui est injuste se laisse aller bientôt à tous les vices, et les vices le mènent à l'abrutissement et à la perversité. Nul pervers n'est heureux. Le méchant souffre, même au sein des richesses, et il n'y a jamais de paix pour son âme. Ainsi, le bonheur ne se trouve sur la terre que dans l'accomplissement de la fin pour laquelle nous avons été créés, c'est-à-dire de notre action sur nous-mêmes et sur nos semblables pour nous rendre tous meilleurs.

L'Élève. Pensez-vous que toute la fin de l'homme ici-bas soit d'aimer ses semblables, qui sont ses frères, et de se rendre meilleur avec eux? Cependant, j'ai appris dans le catéchisme de la religion, que Dieu nous avait créés pour l'aimer et pour le servir. Je sais aussi que les propres paroles de Jésus-Christ tirées de l'Ancien Testament sont celles-ci : « Vous aimerez le Seigneur votre Dieu de tout votre cœur, de toute votre âme, de toutes vos forces, et le prochain comme vous-même. » Expliquez-moi pourquoi vous ne me parlez point de l'amour de Dieu, mais seulement de l'amour du prochain.

L'Instituteur. Vous m'avez prévenu, car j'allais aussi vous parler de Dieu. Remarquez cependant que je vous enseigne ici les éléments de la politique et non pas ceux de la religion. J'ai dû, pour cette raison, vous donner une idée de l'ordre de perfection que nous révèle la conscience avant de vous rappeler l'ordre que Dieu a établi dans l'univers.

Je vous ai dit ce que le cœur nous enseigne du bien de cette vie et des moyens d'atteindre au vrai bonheur. J'ajoute maintenant que cet ordre que nous sentons en nous-mêmes, et auquel les meilleurs d'entre nous se conforment, est le même auquel Dieu a soumis le monde. Dieu a voulu nous laisser libres afin que nous puissions nous rendre dignes de lui par nos actions; et c'est pourquoi il se garde de nous récompenser ou de nous punir aussitôt que nous avons agi. Mais il prépare aux bons une meilleure destinée dans une autre vie, et aux méchants les souffrances qu'ils ont méritées. Ainsi, l'ordre éternel, que nous pouvons troubler ici-bas par l'usage de notre liberté, reste le même au fond des choses; il nous attend à notre mort, et l'injustice le verra triompher.

L'injustice et la haine seront vaincues deux fois. Le méchant, dans un autre monde, assistera à leur défaite. Mais, sur cette terre même où nous sommes, les hommes deviendront tous les jours meilleurs, tous les jours plus sages et plus dévoués, plus justes et plus disposés à se sacrifier pour leurs frères. Avec le temps la terre sera un lieu béni.

Vous avez rappelé les paroles du Christ et les deux préceptes qui y sont contenus : « Aimer Dieu, aimer le prochain. » A mon tour, je vous rappellerai que Jésus-Christ a dit du second commandement, l'amour du prochain, qu'il était *semblable au premier*, l'amour de Dieu. Il a dit aussi de ces deux commandements ensemble, qu'ils enfermaient toute la loi et les prophètes. Méditez ceci, et n'oubliez jamais que le plus sûr moyen de faire connaître combien vous aimez Dieu, c'est de travailler de toutes vos forces au bien de ce prochain pour qui Jésus-Christ lui-même a donné sa vie.

CHAPITRE DEUXIÈME.

FIN MORALE DE LA SOCIÉTÉ.

L'Instituteur. Il n'y a pas deux morales, une pour l'homme pris à part, une autre pour la société de tous les hommes pris ensemble. Mais, ce qui est bien pour chacun est bien pour tous. Si je pouvais réunir tout ce qu'il y a d'hommes sur la terre, et si je les voyais maîtres de leur propre sort, je leur dirais : « Travaillez et gouvernez-vous de manière à vous rendre meilleurs et heureux les uns les autres. » Ainsi la société a été créée pour le même but que l'homme. D'ailleurs, l'homme ne peut pas atteindre parfaitement son but si la société ne l'aide point, car les forces de l'homme seul sont bien peu de chose.

Je vous ai dit que la fraternité était un partage des peines et des joies entre les hommes. La religion, prenant chaque homme à part depuis Jésus Christ, n'a pas cessé de lui recommander le sacrifice et la charité, c'est-à-dire la fraternité. Mais que peut chacun de nous s'il est livré à lui-même, si l'exemple d'autrui ne l'encourage point, et si sa bonne volonté n'est pas dirigée vers l'intérêt commun par ceux qui sont à même de le connaître?

Le temps est venu où la morale, enseignée jusqu'ici dans les églises au nom de Jésus-Christ, doit entrer dans les assemblées des hommes qui font des gouvernements et des lois. Si cette morale est dans notre cœur, montrons-le; réglons-nous tous sur la fraternité.

De même qu'il faut que chacun de nous soit juste et charitable envers ses frères, de même il faut que ceux qui ont un pouvoir sur tous les hommes et qui veulent les conduire soient justes et charitables envers tous les hommes.

Je dis donc que tous les hommes doivent, par le moyen des lois qu'ils se font, de l'instruction qu'ils se donnent, et de toute action qu'ils ont les uns sur les autres, se faciliter leur perfectionnement et s'approcher toujours plus de la fraternité pour laquelle ils furent créés.

CHAPITRE TROISIÈME

DE LA RÉPUBLIQUE ET DE L'AUTORITÉ DANS UNE RÉPUBLIQUE.

L'Élève. Comment les hommes peuvent-ils s'entendre pour marcher tous ensemble à leur perfectionnement et pratiquer la fraternité?

L'Instituteur. Les hommes ne peuvent s'entendre et s'accorder sur leurs actions, principalement dans un grand pays, qu'en se donnant des chefs, en établissant une autorité sur eux. Cette autorité juge ce qui est bien, décide de ce qu'il faut faire et l'exécute.

L'Élève. N'est-ce pas du gouvernement que vous me parlez ?

L'Instituteur. Oui. L'autorité la plus visible est celle qui gouverne l'État. Cependant, au-dessus de cette autorité il y en a une autre : c'est celle qui fait les lois. Je voulais vous désigner ces deux autorités sous un seul nom. Toutes deux viennent du Peuple et commandent au Peuple.

L'Élève. Comment pouvez-vous dire que les hommes établissent une autorité sur eux pour s'accorder, et que l'autorité vient du Peuple? Je n'ai jamais été consulté sur le choix de mes maîtres ou de ceux qui me donnent la loi.

L'Instituteur. Vous ne l'avez pas été, mais vous le serez; vous allez l'être. Autrefois des rois ou des prêtres ont imposé de force aux Français les uns leur prétendue majesté divine, les autres leur religion qu'ils n'auraient jamais dû faire régner que par la douceur. Notre première République, il y a soixante ans, renversa tout cela. Puis les rois nous revinrent. Ils essayèrent de nous faire croire que nous nous gouvernions nous-mêmes et que nous faisions nos lois, parce qu'ils partageaient leur pouvoir avec quelques riches qu'ils appelaient près d'eux sous le nom de députés. Maintenant le Peuple, c'est-à-dire tout le monde, va se réunir et se nommer des représentants qui gouverneront pour lui et écriront la loi dans l'intérêt de tous. Nous sommes en République, et avec l'aide de Dieu, si nous sommes sages, nous y resterons.

L'Élève. Dites-moi au juste ce que vous appelez une République?

L'Instituteur. Ce mot *République* est un mot très-ancien qui veut dire la *chose de tous*. La République est l'état d'un Peuple qui n'obéit qu'à des hommes qu'il s'est choisi. Ces hommes sont les égaux de tous les autres. Ils ne commandent qu'au nom du Peuple. Ils doivent tout faire pour lui, obéir les premiers à la loi qu'ils ont faite, se soumettre à la surveillance des citoyens, et se tenir toujours prêts à leur rendre cette autorité qu'ils ne tiennent que d'eux lorsque le temps pour lequel ils l'ont reçue s'est écoulé.

L'Élève. Qu'est-ce qu'un citoyen?

L'Instituteur. Un citoyen est un homme qui vit dans une République et qui y prend sa part de souveraineté.

L'Élève. Qu'est-ce que la souveraineté?

L'Instituteur. La souveraineté est le commandement absolu, c'est-à-dire qui ne doit compte qu'à Dieu.

L'Élève. Puisque chaque homme est souverain dans une République, chaque homme peut donc y faire sa volonté?

L'Instituteur. J'ai dit que chaque homme avait sa part de souveraineté, mais c'est précisément pour cela que personne ne peut se conduire en souverain. Le seul souverain c'est la nation dans son ensemble et dans son unité, le Peuple. Et le Peuple exerce sa puissance par ses représentants. Encore même le Peuple a-t-il des devoirs à remplir envers les citoyens, comme les citoyens en ont envers lui. Le Peuple est tout-puissant quand il est uni. Pour rester uni et pour rester fort il faut qu'il n'abuse point de sa puissance.

L'Élève. Qu'est-ce donc, en réalité, que la souveraineté du Peuple?

L'Instituteur. La souveraineté du Peuple doit être, en réalité, l'exercice de la force de tous dans les bornes de la justice et suivant un esprit de fraternité. Tout souverain, et le Peuple plus qu'un autre si c'est possible, a des devoirs à remplir et des droits à respecter.

CHAPITRE QUATRIÈME.

DEVOIRS DE L'HOMME ET DU CITOYEN.

L'Élève. Qu'appelez-vous un devoir ?

L'Instituteur. Un devoir est une règle de conduite à laquelle nous nous sentons obligés par la conscience ou par le cœur.

L'Élève. Pouvez-vous me dire quel est le premier devoir de l'homme ?

L'Instituteur. Le premier devoir de l'homme est de vivre, tout comme le premier devoir de ses semblables est de lui en fournir les moyens. Un homme peut toujours être cause de quelque bien pour ses frères.

L'Élève. Il est donc mal de se détruire soi-même?

L'Instituteur. Oui, c'est très-mal, car celui qui se détruit par désespoir aurait pu faire beaucoup de bien en exposant sa vie pour les hommes.

L'Élève. Quel est le devoir qui vient après le devoir de vivre?

L'Instituteur. C'est le devoir de faire un bon emploi de sa vie. Et ce devoir se divise en deux, parce qu'il y a, comme je vous l'ai déjà expliqué, deux degrés dans le perfectionnement de l'homme.

L'Élève. Nommez-moi ces deux devoirs.

L'Instituteur. L'un est le devoir de justice : il nous ordonne de respecter l'homme, notre semblable, et tout ce qui est à lui. L'autre est le devoir de fraternité : nous y serons fidèles si nous faisons tous nos efforts pour que la société des hommes soit une société de frères.

L'Élève. Y a-t-il encore d'autres devoirs de l'homme ?

L'Instituteur. Non, tous les devoirs sont compris dans les deux que je viens de vous nommer. Par exemple, il faut honorer ses parents et respecter le mariage, parce que cela est juste ; et il ne faut jamais tromper ni mentir, parce que cela est injuste et aussi parce qu'on doit la vérité à ses frères.

L'Élève. Auriez-vous encore quelque grand exemple de devoir à me citer ?

L'Instituteur. Oui, il est un devoir qui a été longtemps méconnu et qu'un fameux philosophe nommé Voltaire a prêché toute sa vie. C'est le devoir de tolérance. Il consiste à n'imposer jamais ses sentiments par la force, à respecter les convictions, les cultes, enfin la conscience de tous les hommes. Ce respect est juste, et il n'y a pas de fraternité possible entre des hommes qui n'en sont pas pénétrés.

L'Élève. Parlez-moi maintenant des devoirs du citoyen.

L'Instituteur. Le premier devoir du citoyen est d'obéir à la loi.

L'Élève. Pourquoi le citoyen doit-il obéissance à la loi ?

L'Instituteur. Le citoyen doit obéissance à la loi, parce que la loi est l'expression de la volonté du Peuple manifestée par ses représentants. Celui qui refuserait cette obéissance dans une République usurperait le pouvoir souverain et mettrait sa volonté à la place de la volonté de tout le peuple, ce qui serait injuste et causerait la ruine de la République.

L'Élève. Est-ce tout que d'obéir à la loi ?

L'Instituteur. Ce ne serait pas tout si cette obéissance n'était pas entière et sans esprit de ruse ni mauvaise volonté. Le citoyen doit à la loi plus que sa soumission. Il lui doit son aide et son plein concours.

L'Élève. Quels sont les principaux devoirs que la loi peut imposer à un citoyen ?

L'Instituteur. Le premier de tous est de s'armer pour la défense de la République, soit à ses frontières, soit dans ses villes et dans ses campagnes, et de se soumettre à la discipline, sans laquelle ne peuvent triompher même les plus braves.

Le deuxième est de contribuer de sa fortune dans la proportion fixée par la République, afin qu'il soit fait face à toutes les dépenses réclamées par l'intérêt de tout le monde.

Le troisième est de prêter toujours appui à la justice et à la loi, soit dans les fonctions auxquelles on peut être appelé, soit comme arbitre, ou juré, ou témoin devant les tribunaux.

Le dernier que j'indiquerai est de consentir librement aux sacrifices que pourraient demander ou le salut de la patrie ou l'intérêt de toute communauté dont on est membre.

CHAPITRE CINQUIÈME.

DROITS DE L'HOMME ET DU CITOYEN.

L'Élève. Voilà bien des devoirs et des devoirs très-pénibles. Comment peut-on être heureux dans une République ?

L'Instituteur. Il est vrai que la vie d'un bon citoyen n'est tout entière qu'un long devoir ; mais remarquez que la fraternité nous rend ce que nous donnons pour elle. Nous ne pouvons pas avoir à remplir des devoirs envers les autres hommes sans que les autres hommes aient des devoirs à remplir envers nous. Ainsi la justice nous donne des droits en échange de nos devoirs.

L'Élève. Qu'appelez-vous un droit?

L'Instituteur. Un droit est la contre-partie d'un devoir. Si quelqu'un a un devoir vis-à-vis de vous, à votre tour vous avez un droit vis-à-vis de lui.

L'Élève. Pouvez-vous m'expliquer autrement l'existence des droits?

L'Instituteur. Je le puis de cette manière : Les hommes vivraient sans être assujettis à rien s'ils étaient encore dans l'état sauvage. En se réunissant pour s'aider, pour s'entre-défendre et pour nourrir leurs familles des fruits de leur travail, ils s'accordent tous à renoncer à des habitudes ou à des actions que des sauvages se permettraient ; car, sans des sacrifices mutuels, ils ne pourraient jamais demeurer ensemble. Mais en même temps qu'ils font ces sacrifices ils entendent se réserver certains pouvoirs, et, dans l'exercice de ces pouvoirs, ils veulent qu'on les respecte.

Cet accord des hommes à se permettre ou à s'interdire telles ou telles de leurs actions naturelles, afin de vivre ensemble, s'appelle le *contrat social*.

Les pouvoirs que les hommes ne veulent ou ne peuvent jamais abandonner entièrement, parce qu'ils tiennent de trop près à leurs personnes, s'appellent des *droits naturels*.

L'Élève. N'appelle-t-on pas aussi ces droits des droits sacrés, inaliénables et imprescriptibles? Que signifient ces derniers mots?

L'Instituteur. Ces derniers mots signifient que l'homme peut toujours revendiquer ses droits naturels quel que soit le laps de temps pendant lequel il en a perdu l'usage. On ne doit pas croire que ses pères aient pu légitimement l'en priver parce que, de gré ou de force, ils s'en seraient autrefois dépouillés en leur propre nom et au nom de leurs descendants.

L'Élève. Maintenant veuillez me nommer les droits naturels.

L'Instituteur. On peut les réduire à deux : la liberté et l'égalité.

CHAPITRE SIXIÈME.

DE LA LIBERTÉ.

L'Élève. Qu'est-ce que la liberté?

L'Instituteur. La liberté est le pouvoir de faire tout ce qui ne nuit pas à autrui, tout ce qui n'entreprend pas sur les droits d'autrui.

L'Élève. Comment connaît-on jusqu'où s'étend ce pouvoir?

L'Instituteur. On le connaît par la loi. Tout ce que la loi ne défend pas peut être fait librement, quoiqu'il ne soit peut-être pas toujours bien de le faire. C'est à la conscience qu'il appartient de compléter la loi lorsqu'elle ne dit pas tout, mais rien de ce que la loi n'ordonne point ne peut être imposé à personne.

L'Élève. Nommez-moi les principales libertés qui sont naturelles et qu'une république doit garantir aux citoyens.

L'Instituteur. La liberté de conscience, la liberté de parler, la liberté d'écrire et d'imprimer sont au nombre des plus importantes. Il a fallu beaucoup de courage et de sang versé depuis trois cents ans pour les arracher à la tyrannie.

L'Élève. Pourquoi la liberté de parler et d'écrire est-elle si précieuse?

L'Instituteur. Parce que l'homme communique avec l'homme par la parole, et qu'elle lui sert à s'entendre contre ses tyrans. Celui qui n'a pas le droit de parler est un esclave. L'imprimerie a été un des plus puissants instruments de l'affranchissement des peuples, parce que l'imprimerie peut faire entendre la même parole au même instant à cent millions d'hommes dispersés sur la terre.

L'Élève. Mais n'est-il pas à craindre que des méchants ou des insensés n'abusent de cette liberté pour tromper les hommes et causer de grands désordres?

L'Instituteur. C'est, en effet, ce que disent les défenseurs de l'esclavage. Mais sachez bien que, si on dépouillait les hommes de tous les droits dont ils peuvent abuser, on les prendrait pour des brutes qu'il faut tenir à la chaîne ou sous le joug. Or, celui qui veut nous enchaîner n'est pas meilleur que nous.

L'Élève. Y a-t-il au moins quelque remède aux abus que vous reconnaissez?

L'Instituteur. Sans doute, il y a le même remède qu'à tous les crimes et à tous les délits : une punition dans les cas prévus par la loi. Si quelque méchant homme fait un livre pour louer l'assassinat ou pour exciter sans raison les citoyens les uns contre les autres, on devra punir l'auteur. On devra le punir, non point parce qu'il a fait son livre de lui-même et sans permission, mais parce que ce livre témoigne des intentions criminelles.

L'Élève. Énumérez-moi les autres libertés.

L'Instituteur. Ce sont : 1° la liberté individuelle. Elle consiste en ce que nul homme ne peut être accusé, arrêté, détenu que dans les cas prévus par la loi et dans les formes qu'elle prescrit. Il faut se soumettre à l'autorité de la loi, mais tout acte arbitraire envers un citoyen peut être repoussé par la force. Une suite de cette liberté c'est que nul ne peut être jugé ni puni qu'après avoir été entendu, et qu'en vertu d'une loi qui existait avant qu'il eût commis le délit qu'on lui reproche.

2° La liberté politique : c'est le droit qu'a le citoyen de n'obéir à la loi qu'autant qu'elle a été portée par ses représentants, et de ne payer l'impôt qu'autant qu'ils l'ont consenti en son nom. Cette liberté s'ensuit naturellement de la souveraineté du Peuple.

3° La liberté de se réunir et de s'associer en tel nombre de citoyens que l'on veut pour s'occuper de religion, de politique ou de tout autre objet, pourvu qu'on n'y prenne point des résolutions ou des mesures contraires à la société tout entière et de nature à troubler la paix publique.

L'Élève. Il faut donc interdire par la loi les associations religieuses ou politiques qui sont des occasions de désordre dans la République?

L'Instituteur. Si la loi procédait de la sorte il pourrait arriver que des associés portassent une peine méritée par ceux-là mêmes qui seraient venus les troubler dans l'exercice de leur droit. La liberté serait perdue.

L'Élève. Comment se préserver alors des excès de la liberté?

L'Instituteur. En prenant pour le droit d'association le même parti que pour le droit de parler, d'écrire et d'imprimer. Qu'on le laisse libre; puis qu'on sévisse par la loi contre ceux qui se rendent coupables par son moyen ou à son occasion. S'il arrive qu'une association soit dangereuse pour la République ou contraire aux droits que la République reconnaît aux citoyens, il faut que les associés soient avertis, puis réprimés en vertu d'une loi, et cela non pas comme associés, mais comme se servant de l'association pour faire triompher leurs passions ou leurs intérêts par des moyens illégitimes.

L'Élève. Qu'entendez-vous par ces moyens illégitimes?

L'Instituteur. La fraude ou la violence. Si les hommes ne cherchaient jamais à tromper les hommes, si jamais ils ne tentaient d'imposer leurs propres sentiments par la force à des citoyens qui sont libres comme eux, la plupart des libertés seraient sans abus. Mais quoi qu'il arrive gardons-nous bien de supprimer un droit parce qu'il est dangereux; laissons-le plutôt se régler, se modérer par l'usage. Comptons sur la vertu de l'homme libre et ne craignons que l'esclave, car il porte toujours la révolte au fond de son cœur.

L'Élève. Regardez-vous les associations qui firent appel à la violence, avant l'établissement de la République, comme ayant violé les droits de l'homme?

L'Instituteur. Non, parce que les citoyens courageux qui composaient ces associations luttaient contre la tyrannie. Lorsque la souveraineté du Peuple est usurpée par un homme, une famille ou un parti, l'insurrection est un droit et le plus saint des devoirs.

L'Élève. Que pensez-vous de l'esclavage.

L'Instituteur. Je pense que la République ne saurait permettre qu'un homme vende sa personne à un autre homme. Quant à celui qu'on retiendrait esclave malgré lui, quelle que soit sa couleur, je pense qu'il a le droit de revendiquer sa liberté, même par la violence. Et, de fait, ce n'est que la crainte ordinairement qui l'en détourne.

L'Élève. Avez-vous encore quelque chose à m'enseigner sur la liberté?

L'Instituteur. J'ai une remarque à vous faire. Vous voyez d'après toutes les explications que je vous ai données que ni l'homme ni le citoyen ne jouissent d'une liberté illimitée dans la République.

Afin que chacun soit libre, il faut que personne ne le soit sans restriction. Mais une République est l'état qui concilie le mieux les intérêts et la dignité de chacun avec les intérêts et la dignité de tout le monde.

CHAPITRE SEPTIÈME.

DE LA SÛRETÉ ET DE LA PROPRIÉTÉ.

L'Élève. N'a-t-on pas mis souvent la sûreté et la propriété au nombre des droits de l'homme ?

L'Instituteur. Oui ; mais le premier de ces droits était presque inutile à nommer ; il est le fond de toutes les libertés et il résulte de l'institution même de la société ; car le résultat essentiel d'une République bien réglée est d'assurer protection à chaque citoyen pour la conservation de sa personne, de ses droits et de tout ce qui est à lui.

L'Élève. Que veulent dire ces mots : *tout ce qui est à lui ?* Est-ce de la propriété que vous voulez parler ?

L'Instituteur. Oui, c'est de la propriété, cet autre droit que vous nommiez tout à l'heure et qui n'est aussi qu'une sorte de liberté.

L'Élève. Expliquez-moi clairement ce que c'est que la propriété.

L'Instituteur. La propriété est le fruit du travail de l'homme. On lui donne ce nom parce que l'homme peut en jouir et en disposer dans la mesure fixée par la loi.

L'Élève. Pourquoi dites-vous que c'est une sorte de liberté ?

L'Instituteur. Parce que si le fruit du travail de l'homme était à la République au lieu d'être à lui, si la République pouvait en disposer et en faire jouir qui bon lui semble, l'homme ne serait pas loin d'être l'esclave de la République. Il lui devrait sa subsistance et n'aurait la liberté de vivre que par elle.

L'Élève. Expliquez-moi maintenant quelque chose qui m'embarrasse beaucoup et m'empêche de comprendre vos explications. Vous me dites que la propriété est le fruit du travail, et je vois des hommes qui n'ont pas travaillé avoir en propriété de l'argent avec lequel ils gagnent d'autre argent sans rien faire. J'en vois encore qui ont des terres, et les font travailler par d'autres, en les payant, et puis prennent pour eux les récoltes? Si c'est le fruit du travail qu'on appelle propriété, une ferme devrait appartenir au fermier plutôt qu'à celui qu'on appelle propriétaire?

L'Instituteur. Je ne vous ai pas seulement dit que la propriété était le fruit du travail, mais aussi que l'homme pouvait en jouir et en disposer d'après la loi. Il résulte de là que si quelque citoyen a fait des économies sur ce fruit et qu'il dispose de ces économies en faveur de quelque autre citoyen, par exemple de son propre enfant, ce dernier pourra jouir de ce qu'il n'a pas produit lui-même. Vous savez qu'on appelle cela *donation* et *héritage*. Mais il y a quelque chose de plus : c'est qu'un citoyen, maître d'une certaine quantité de richesse qu'il a accumulée ou qu'on lui a transmise, peut la prêter, sous des conditions que fixe encore la loi, à un autre citoyen à qui elle est utile; celui-ci lui fait en retour certains avantages sur son travail ou sur son propre avoir. Et vous savez aussi qu'on appelle cela *capital* et *intérêt* du capital.

L'Élève. Croyez-vous que les droits de donner, de tester et de prêter à intérêt soient des droits naturels? La loi les reconnaît aux citoyens, mais ne pourrait-elle pas les leur refuser pour l'utilité du plus grand nombre qui ne possède pas ou qui possède si peu de richesses?

L'Instituteur. Je crois que la loi qui abolirait ces droits diminuerait beaucoup la liberté de l'homme, placerait le citoyen dans une trop grande dépendance de la République, l'atteindrait dans sa dignité et compromettrait l'existence matérielle de la famille en la confisquant au profit de la grande communauté. La propriété est encore un stimulant pour le travail, une cause de progrès pour l'agriculture et pour l'industrie.

L'Élève. Existe-t-il au moins des moyens d'empêcher les riches d'être oisifs et les pauvres d'être mangés par les riches?

L'Instituteur. Oui, il en existe, et d'excellents. Les directeurs de la République trouveront ces moyens aussitôt qu'ils voudront sérieusement pratiquer la fraternité. Il en est de la propriété et du libre usage du capital comme de toutes les autres libertés. La loi qui les reconnaît peut et doit les renfermer dans certaines bornes. Sans détruire le droit d'héritage, on peut le limiter pour l'intérêt public; et, sans supprimer l'intérêt du capital, on peut prendre beaucoup de mesures pour le rendre aussi faible qu'on voudra. Alors l'oisiveté sera difficile au riche et le pauvre trouvera facilement crédit pour s'enrichir.

L'Élève. Vous ne me parlez que du capital et de ce qu'on appelle *biens-meubles* dans la loi, si je ne me trompe. Mais que pensez-vous de la propriété de la terre et du droit de ceux qui se la sont appropriée? Peuvent-ils en user et en abuser comme je l'ai entendu dire, la cultiver ou ne pas la cultiver, s'emparer de tout un pays s'ils sont assez riches pour cela et tenir ainsi le sort des travailleurs à leur merci?

L'Instituteur. N'en croyez rien. La loi peut imposer toutes sortes de conditions à ceux qui ont la terre et même les exproprier moyennant indemnité s'ils en font un mauvais usage. Quant à ces grands propriétaires que vous avez raison de craindre, sachez que s'ils payaient à la République un impôt convenable, et de bonnes journées à leurs travailleurs, ils se verraient bientôt obligés pour la plupart à vendre leurs terres à des citoyens qui en tireraient un meilleur parti qu'eux. On fera des lois pour cela quand on voudra.

L'Élève. Mais ne faut-il pas éviter, dans l'intérêt de l'agriculture, une trop grande division du sol de la République?

L'Instituteur. Les inconvénients de la division seraient levés par l'association des petits propriétaires.

L'Élève. Mais enfin, est-ce un droit de l'homme que de s'approprier la terre.

L'Instituteur. Jusqu'ici, les législateurs ont tous pensé qu'il était de l'intérêt de la liberté, de la famille et de la culture elle-même que la terre fût possédée et transmise comme les autres capitaux, du moins lorsqu'elle est cultivée par des hommes libres. Lorsque tous les citoyens ou presque tous les citoyens auront de la terre, assez de terre, ainsi que cela peut être quelque jour, je crois que le droit de propriété n'aura pas beaucoup d'adversaires. Au surplus, si la fraternité parmi nous était ce qu'elle sera dans plusieurs générations, après que la République aura fait l'éducation de tous les citoyens, depuis le grand-père jusqu'au petit-fils, on pourrait cultiver la terre, au moins par communes, sans la partager. Mais ceux qui voudraient à présent soumettre les Français à ce régime d'absolue communauté mettraient la France au pillage; et la fraternité, loin d'avancer, reculerait de plusieurs siècles.

CHAPITRE HUITIÈME.

DE LA LIBERTÉ DE L'INDUSTRIE.

L'Élève. Un citoyen a-t-il le droit d'entreprendre dans la République le travail qui lui convient et d'y mettre le prix qu'il lui plaît ? la République, ne peut-elle lui interdire aucun commerce, aucune industrie ? ne peut-elle intervenir dans son travail ou dans ses relations avec ceux qu'il fait travailler ?

L'Instituteur. Cette liberté illimitée a été reconnue par notre première République, dans un temps où le travail sortait de l'esclavage où des maîtres l'avaient si longtemps retenu. On a cru tout faire en donnant à chacun le droit de s'établir maître à son gré quand il le pouvait. Mais depuis, l'expérience et la réflexion ont montré qu'il fallait une règle à la liberté de l'industrie comme à toutes les autres.

L'Élève. La liberté de l'industrie a donc causé de grands maux ?

L'Instituteur. La liberté de l'industrie a amené la concurrence illimitée à sa suite ; or la concurrence illimitée a produit la guerre acharnée des travailleurs, l'abaissement des salaires, la fraude dans le commerce, enfin la ruine des pauvres et l'enrichissement des riches, qui avaient plus de ressources pour soutenir cette lutte : si bien qu'au moment où le peuple de Paris a chassé son dernier roi la liberté de l'industrie n'était plus qu'un mot, et le monopole triomphant donnait à la France une aristocratie nouvelle plus dangereuse que la première.

L'Élève. La République a donc le droit d'intervenir dans les conditions du travail et dans le règlement des prix et des salaires.

L'Instituteur. Sans doute, elle a ce droit. Elle l'exerce au nom du Peuple. Que serait, que pourrait un industriel ou un négociant sans le travail du peuple et sans la protection de la République? La République, en assurant au commerce et à l'industrie leur liberté, acquiert par là même le droit de soumettre cette liberté à toutes sortes de conditions tirées de l'intérêt commun. C'est ce qu'on appelle *organisation du travail.*

L'Élève. Donnez-moi une idée de cette organisation.

L'Instituteur. Tout ce que je puis vous dire, c'est qu'elle se fondera sur deux choses : 1° l'association des travailleurs; 2° le règlement de l'industrie et du commerce par les lois de la République. Mais, c'est un sujet sur lequel je ne m'étendrai pas davantage en ce moment; il n'est pas nécessaire de vous rendre si savant. Moi-même, j'attends les Représentants du Peuple et j'espère apprendre à leur école beaucoup de choses que j'ignore.

CHAPITRE NEUVIÈME.

DE L'ÉGALITÉ.

L'Élève. Vous avez parcouru tous les droits qui dépendent de la liberté : dites-moi maintenant ce que c'est que l'égalité.

L'Instituteur. Les hommes naissent égaux en droits, c'est-à-dire qu'ils ne sauraient exercer naturellement de domination les uns sur les autres. La République consacre cet état naturel sous l'empire de la loi.

L'Élève. Ne pourriez-vous me rendre cette idée plus claire?

L'Instituteur. La loi, dans la République, n'admet aucune distinction de naissance entre les citoyens, aucune hérédité de pouvoir. Les fonctions civiles et politiques n'y sont jamais des propriétés. Tous les citoyens y sont également admis aux emplois sans autre distinction que leurs vertus et leurs talents. Enfin, la loi est la même pour tous, soit qu'elle protége, soit qu'elle punisse.

L'Élève. J'ai cru jusqu'ici lorsqu'on m'a parlé de l'égalité qu'on ne voulait pas seulement donner les mêmes droits à tous les hommes, mais aussi la même existence et les mêmes biens.

L'Instituteur. Vous ne vous êtes trompé qu'à demi. La République ne veut pas la parfaite égalité des conditions, parce qu'elle ne pourrait l'établir qu'en dépouillant les citoyens de leur liberté. Mais, la République veut s'approcher de cette parfaite égalité, autant qu'elle le peut, sans priver le citoyen de ses droits naturels, sans faire de lui l'esclave de la communauté.

La devise de la République est : *Liberté, Égalité, Fraternité.* S'il n'y avait que liberté, l'inégalité irait toujours croissante et l'État périrait par l'aristocratie ; car les plus riches et les plus forts finiraient toujours par l'emporter sur les plus pauvres et les plus faibles. S'il n'y avait qu'égalité, le citoyen ne serait plus rien, ne pourrait plus rien par lui-même, la liberté serait détruite et l'État périroit par la trop grande domination de tout le monde sur chacun. Mais, la liberté et l'égalité réunies composeront une République parfaite, grâce à la fraternité. C'est la fraternité qui portera les citoyens réunis en Assemblée de représentants à concilier tous leurs droits, de manière à demeurer des hommes libres et à devenir, autant qu'il est possible, des égaux.

L'Élève. Que faut-il dans une République fraternelle pour que les citoyens soient en même temps libres et égaux ?

L'Instituteur. Il faut, et il est indispensable qu'une République fraternelle reconnaisse et assure deux droits à tous les citoyens :

Le droit à travailler et à subsister par son travail;

Le droit à recevoir l'instruction, sans laquelle un travailleur n'est que la moitié d'un homme.

CHAPITRE DIXIÈME.

DEVOIRS ET DROITS DE LA RÉPUBLIQUE.

L'Élève. Vous m'avez dit que le Peuple avait des devoirs à remplir et des droits à respecter. Pouvez-vous me donner quelques explications sur ce point ?

L'Instituteur. Un mot seulement. Je vous ai exposé les devoirs et les droits de l'homme et du citoyen, il me reste à vous dire ceci : les devoirs du Peuple ou de la République sont indiqués par les droits des citoyens ; de même les devoirs des citoyens font connaître les droits de la République.

La République a droit d'exiger le service militaire, l'impôt, la fidélité dans les fonctions, et tous les sacrifices consentis par la représentation nationale.

C'est le devoir de la République de respecter les droits et les libertés que j'ai énumérés ; devoir de justice. Et c'est son devoir de développer les facultés des citoyens en même temps qu'elle maintient leurs droits : devoir de fraternité.

L'Élève. La République, a-t-elle aussi des devoirs envers les autres peuples ?

L'Instituteur. Oui, la République doit être juste envers toutes les nations, et secourable à celles qui sont opprimées. Elle doit pratiquer la fraternité au delà même des limites de son empire, car celui qui opprime un peuple est l'ennemi de tous les peuples.

DEUXIÈME PARTIE.

CHAPITRE ONZIÈME.

DE L'ÉTAT ACTUEL DE LA FRANCE ET DE LA CONVOCATION D'UNE ASSEMBLÉE CONSTITUANTE.

L'Instituteur. Je vous ai parlé du Peuple souverain.

Je vous ai parlé des devoirs et des droits du citoyen, des devoirs et des droits de la République.

Et tout ce que je vous ai dit, je l'ai tiré des devoirs et des droits de l'homme vis-à-vis de ses semblables, vis-à-vis de ses frères.

Vous voyez que la vraie politique vient de la morale. Qui connaît la morale, connaît aussi la politique.

Elles ont toujours été vraies, les vérités que je vous ai dites, mais elles n'ont pas toujours été reconnues; ou, pour mieux dire, elles ne l'ont jamais été complétement jusqu'à ce jour en aucun lieu de la terre.

Au moment même où je vous parle, la plupart des hommes et des nations gémissent sous la tyrannie; la liberté est opprimée, le travail est esclave, une partie du genre humain exploite odieusement l'autre partie comme un troupeau que Dieu lui aurait livré, et les saintes lois de la fraternité sont violées : l'humanité souffre.

Cependant, un frémissement a parcouru la terre à l'annonce de la dernière révolution de Paris. Nous touchons à la révolution du monde.

La France a passé par bien des épreuves. Que de misères autrefois! Que de biens gagnés, perdus et reconquis! Mais la France marchait toujours; et jamais elle ne se vit si avancée qu'aujourd'hui dans sa voie. Non, jamais elle ne toucha d'aussi près à la fin de toutes les luttes, à la paix dans l'égalité et la fraternité.

L'ancienne République, il y a cinquante ans, fit des efforts merveilleux pour le salut du peuple. Elle l'affranchit des seigneurs, lui donna des droits et de la terre. Beaucoup de sang coula par la fureur de la noblesse vaincue à laquelle répondait la juste fureur du peuple. La République ne put pas surmonter toutes les résistances. Le grand Napoléon fit la paix avec les ennemis du peuple, et sacrifia la République tout en conservant une partie de nos libertés. Combien j'aurais moins de regrets à l'appeler grand s'il avait aimé l'égalité, s'il avait été bon républicain! Mais il épuisa la patrie pour satisfaire sa propre ambition; il l'épuisa d'hommes et d'argent, et l'Étranger nous ramena les rois. Nous étions habitués à l'obéissance; le peuple se courba donc sous le joug. Pour l'apparence d'un peu de liberté, et grâce aux bienfaits qui restaient de l'ancienne République, car on n'avait pas pu nous les retirer tous, le peuple parut oublier l'égalité, la fraternité, sous Louis-Philippe comme sous Charles X. Mais la mémoire restait au fond de son âme; et quand il eut vu tomber deux masques de rois, sous lesquels se montrèrent deux tyrans, il se dit enfin : Ne nous donnons plus, gardons-nous, soyons nos maîtres. La République est notre vieille mère : elle seule ne nous trahira pas.

Ainsi, tous les pouvoirs, toutes les lois politiques croulèrent en un seul jour comme un échafaudage pourri.

La France a reçu pour ses chefs d'un moment quelques hommes justes, que le peuple de Paris s'est donnés dans sa victoire. Ces hommes ont dit à la France :

Vous êtes une république, c'est-à-dire, vous êtes à vous mêmes, vous vous gouvernez, vous vous gouvernerez: ainsi l'entend Paris, qui est la tête et le cœur de la patrie; ainsi le veut la raison, parce que le temps de la liberté, de l'égalité, de la fraternité est venu, et que sans la République ces trois choses n'existent point, ou ne sont que de vaines paroles.

Ces hommes, sachant ce que c'est qu'une république, et comment une grande nation se gouverne, ont dit à la France : Que tous les citoyens âgés de vingt-un ans, qui résident au moins depuis six mois sur quelque point du territoire français, depuis le Rhin jusqu'aux Pyrénées, depuis l'Océan jusqu'aux Alpes, se rassemblent tous dans les chefs-lieux de leurs cantons (on n'exclura que les fous et les condamnés). Que chacun écrive ou se fasse écrire sur une liste les noms des citoyens honnêtes, éclairés, aimant le peuple en qui il aura confiance, et qu'il voudrait choisir pour ses représentants. Qu'il porte autant de noms sur cette liste qu'on aura calculé qu'il en faut selon la population de son département. Ce calcul a déjà été établi de manière que la France entière ait neuf cents représentants, et qu'il y en ait un pour chaque groupe de quarante mille âmes de population. Toutes les listes seront portées au chef-lieu du département; on les lira; on les comparera; et les citoyens, en nombre voulu, qui auront obtenu le plus de suffrages, pourvu que ce soit au moins deux mille, iront à Paris avec ceux des autres départements pour y représenter la France.

C'est dans le mois d'avril 1848 qu'aura lieu ce grand événement de la vie de la France. Le citoyen qui ne s'y rendrait point n'aimerait pas sa patrie; et même il serait indifférent à son propre bien, car les représentants auront plein pouvoir sur toutes choses, et prendront beaucoup de mesures qui intéressent la fortune et la vie de tout le monde. Et le citoyen qui allant voter ne chercherait pas dans sa conscience quels sont les meilleurs, les plus dignes, les plus amis du peuple parmi les candidats qu'il connaît ou dont il a entendu parler, afin de les mettre sur sa liste, mais qui se laisserait entraîner par son intérêt du moment, ou même par celui de sa commune ou de son canton, à nommer d'autres représentants que ceux qui méritent le plus de l'être, ce citoyen trahirait la grande patrie, le peuple tout entier dont le salut passe et domine toutes choses.

Bientôt après, l'Assemblée des représentants, l'Assemblée constituante se réunira. Je la nomme constituante, quel que soit le nom qu'il lui plaira de se donner à elle-même, parce qu'elle établira tous les pouvoirs et fera toutes les lois dont les autres lois sortiront à l'avenir.

L'Assemblée constituante décidera quelles sortes d'assemblées feront la loi après elle, et comment ces assemblées seront nommées par le peuple; elle décidera du gouvernement ou pouvoir exécutif, et de la manière dont ce pouvoir devra sortir, soit du peuple lui-même, soit des assemblées législatives. Elle réglera la justice et les tribunaux; elle organisera l'enseignement des citoyens par la République; enfin elle portera les lois fondamentales qui devront régir l'impôt, le travail et le commerce.

L'Assemblée constituante nous fera dans notre vieille patrie comme une France nouvelle. Et vive cette France, éternellement rajeunie par la séve de ses enfants! Vive la fraternité des enfants de la France!

CHAPITRE DOUZIÈME.

DES RÉFORMES QUE LA CONSTITUANTE POURRAIT FAIRE.

L'Élève. Vous avez tellement élevé mes idées en me parlant de la République et de la morale républicaine, que je crois sortir des ténèbres et voir le jour pour la première fois. Je ne vivais que dans mon village, et voilà que je vis dans la France. La République me fait deux fois Français. Mais par quelle erreur ai-je entendu dire si souvent jusqu'ici que la République était le gouvernement de quelques monstres altérés de sang?

L'Instituteur. La République a eu tant d'ennemis quand elle existait, et tous les pouvoirs sous lesquels nous avons fléchi, depuis un demi-siècle qu'elle n'est plus, ont eu un intérêt si grand à la calomnier, qu'on a, presque d'un commun accord, jeté le voile sur ses grandeurs et sur ses vertus. On a caché au peuple ce que la République a fait pour le peuple, et on a étalé sous ses yeux, pour la lui faire haïr, les violences auxquelles elle fut provoquée par l'audace des traîtres et l'universelle coalition des nobles et des rois.

L'Élève. Mais pourquoi la République exerça-t-elle tant de cruautés?

L'Instituteur. La République a été si peu cruelle qu'elle n'a jamais fait souffrir ceux qu'elle mettait à mort. La roue, les bûchers et les autres supplices étaient une invention des rois et des prêtres d'autrefois. La République ne s'en est jamais servie, et même elle voulait abolir la peine de mort aussitôt que la concorde aurait été rétablie. Si elle a condamné beaucoup d'hommes, et elle n'en a pas tant condamné qu'on l'a dit, elle a fait en cela pour le salut du peuple ce que les rois ont toujours fait pour le salut des rois et l'Église pour le salut de l'Église. Mais, au reste, l'échafaud n'est pas à craindre maintenant, parce que les hommes sont plus doux et que la République n'a pas tant d'ennemis, ni si méchants, ni si puissants qu'elle en avait en ce temps-là.

Pour vous prouver que les premières pensées d'une république en France sont toujours des pensées d'humanité, je vous dirai que le Gouvernement provisoire, celui qui décrète des lois en attendant que l'Assemblée constituante soit réunie, a pris les trois mesures suivantes : il a déclaré qu'on ne condamnerait plus personne à mort pour des causes politiques; il a ordonné qu'on sursît à toutes les exécutions capitales dans toute la France, jusqu'à ce que l'Assemblée eût prononcé sur la peine que méritent les plus grands criminels, et il a aboli la prison pour dettes ou contrainte par corps, la loi fournit assez d'autres armes aux créanciers contre leurs débiteurs.

Ce sera un principe de la République que les lois pénales doivent se proposer de corriger les malfaiteurs et non pas seulement de les punir par la souffrance, encore moins de les dégrader au point de les rendre pires qu'ils n'étaient auparavant.

L'Élève. Il vous reste à m'expliquer pourquoi la République a persécuté l'Église.

L'Instituteur. La République établissait dans la société la morale de Jésus-Christ ; de plus, elle voulait une parfaite tolérance de toutes les religions dans l'État et une entière liberté des cultes. Ainsi, jamais elle n'aurait persécuté l'Église si l'Église était toujours restée ce qu'elle était dans les premiers temps de la Révolution et ce qu'elle est sans doute maintenant, la fidèle alliée de la liberté, de l'égalité et de la fraternité contre les rois. Mais le clergé n'avait pas toujours servi la cause du peuple sous l'ancien régime : il y avait contre lui de mauvais souvenirs. Avec cela des malentendus se formèrent, et on vit commencer une lutte aveugle, déplorable, et qui ne devra point se renouveler, entre la religion de Jésus-Christ et la politique vraiment chrétienne des républicains.

L'Élève. Me voilà délivré d'un reste d'effroi qui me saisissait encore au souvenir de cette ancienne République dont on m'a entretenu dans mon enfance. Désormais, si quelqu'un me parle des excès que les républicains ont autrefois commis, je dirai : Autrefois aussi des prêtres et des rois ont outragé, violé l'humanité. Il s'est fait du mal au nom de la religion et de la monarchie, même à des époques de paix, comme il s'en est fait au nom de la République et pour sauver le peuple en un temps de guerre terrible et de bouleversement universel. Que le mal retombe sur ses auteurs; mais que le bien leur soit aussi compté : c'est justice. Quant à la République, je la verrai toujours dans la sphère sereine où vous me l'avez montrée avec la patrie, avec la religion elle-même, au-dessus des erreurs et des crimes des hommes.

L'Instituteur. Voilà de nobles sentiments et vous m'avez compris. Maintenant je voudrais vous donner une idée de tout ce que peut faire pour nous la République et particulièrement cette Assemblée constituante où nous allons envoyer nos représentants. Non que j'aie à revenir sur ce que je vous ai déjà dit du gouvernement républicain, de l'égalité et de la liberté, enfin de l'organisation du travail. Vous pouvez dès maintenant vous représenter les principaux éléments de cet ordre nouveau; et quant aux applications et aux détails, j'attendrai que la constitution de la France soit faite pour vous l'expliquer. Mais en dehors de l'ordre politique que l'Assemblée va créer, il existe un ensemble de lois qui nous régissent et dans lesquelles il s'en faut que tout soit à refaire à neuf. La révolution qui a emporté les rois, les pairs et les députés respecte la famille, le mariage, les testaments et les tribunaux. Et cependant il se trouve aussi dans ces lois civiles quelques dispositions qui pourraient s'accorder mieux avec les principes de justice et de fraternité dont les législateurs doivent à l'avenir être très-pénétrés. Les lois sur l'impôt et sur le recrutement de l'armée, qui nous touchent de si près, sont également sujettes à des réformes.

Ici vous comprenez que je ne puis rien vous dire de certain : tout dépendra du choix que nous ferons de nos représentants. Écoutez cependant ce que dans ma conscience le peuple a droit de réclamer. Écoutez ce que l'Assemblée pourrait faire.

Vous savez qu'il faut être riche aujourd'hui pour réclamer son droit devant les tribunaux. La justice pourrait épargner tous les frais aux citoyens qui n'ont que le nécessaire. D'autre part, les magistrats offriraient peut-être plus de garanties si l'élection populaire avait une part dans la constitution des tribunaux; et il y aurait plus d'équité dans les décisions si le jury pouvait être appelé quelquefois à décider sur le civil comme sur le criminel. Recommandons ces vœux à nos représentants.

Pour ce qui est des lois sur les mariages et les testaments, certes l'Assemblée n'y touchera jamais sans beaucoup de réserve et de très-légitimes scrupules; mais elle pourrait chercher si le régime républicain de l'égalité et de la liberté ne doit pas ajouter quelque chose aux droits de la femme dans la famille; si, dans l'intérêt du mariage lui-même, il n'est pas bon que le divorce soit rétabli comme au temps de l'empereur, enfin si l'impôt qui frappe la transmission des biens par héritage ne pourrait pas se régler plus équitablement dans l'intérêt commun de la République et des familles.

Je passe à deux questions qui vous sont plus familières quoique assurément on ne puisse pas dire qu'elles vous intéressent davantage.

Vous savez combien le service militaire pèse aujourd'hui sur le pauvre; vous savez qu'il est facile au riche de se décharger sur lui de la part la plus lourde de ce fardeau. Or tous les citoyens pourraient être assujettis, sauf de rares exceptions, à ce service, le premier, le plus grand, le plus noble de tous, en même temps que le plus dur. Cette dette payée par tous serait plus légère à chacun, et la patrie devrait la même reconnaissance à tous ses enfants.

Vous savez aussi que certains impôts frappent les objets les plus nécessaires à la vie, atteignent ainsi jusqu'à la substance du pauvre et sont insensibles au riche. Il en est d'autres qui font acheter l'air et la lumière aux masures comme aux palais, d'autres encore qui imposent aux plus petits champs et aux plus pauvres chaumières les mêmes sacrifices en proportion qu'aux plus vastes propriétés. L'Assemblée pourrait changer tout cela. Elle pourrait décréter que chaque citoyen doit à la République une partie de son revenu quel qu'il soit, mais que la richesse lui doit plus que l'aisance et l'aisance plus que la pauvreté, et que la part de l'impôt doit s'élever plus rapidement que la fortune. C'est du moins ce que la fraternité commande.

Il dépend de nous d'obtenir ces bienfaits. Ajoutez-y les économies qu'un gouvernement républicain saura faire sur les dépenses, car il n'y a plus de roi ni de cour à payer. Des milliers de places que la faveur donnait seront ou supprimées ou réduites à une juste rétribution, et l'administration de la République gagnera encore à être débarrassée de beaucoup de fonctionnaires qui ne travaillaient point et qui entravaient le travail des autres. Telles sont mes espérances.

L'Élève. Si toutes ces choses se font et si la République assure encore au peuple du travail, un juste salaire et de l'instruction; si par le règlement du commerce et de l'industrie elle le préserve du chômage, de l'excès de la concurrence et du contre-coup des faillites des entrepreneurs; si elle procure du crédit aux travailleurs et si de plus elle régénère partout l'agriculture en créant des moyens de rendre le sol fécond, alors donc la France sera vraiment la Terre-Promise. Mais est-ce bien possible et dois-je vous croire?

L'Instituteur. Tout est possible si nous choisissons pour nos représentants des hommes d'un grand cœur et d'une forte intelligence. Mais nous obtiendrons beaucoup des biens que je vous ai annoncés si nous trouvons seulement des gens de bonne volonté et des républicains sincères.